中法大学历史图说

（1920—1950）

Histoire illustrée de l'Institut Franco-Chinois

陈雁 王洁 编著

北京理工大学出版社
BEIJING INSTITUTE OF TECHNOLOGY PRESS

版权专有 侵权必究

图书在版编目（CIP）数据

中法大学历史图说：1920-1950 / 陈雁，王洁编著. —北京：北京理工大学出版社，2020.8
ISBN 978-7-5682-8922-1

Ⅰ.①中… Ⅱ.①陈…②王… Ⅲ.①中法大学-校史-1920-1950-图集 Ⅳ.①G649.281-64

中国版本图书馆CIP数据核字（2020）第153804号

出版发行 / 北京理工大学出版社有限责任公司
社　　址 / 北京市海淀区中关村南大街5号
邮　　编 / 100081
电　　话 / （010）68914775（办公室）
　　　　　（010）82562903（教材售后服务热线）
　　　　　（010）68948351（其他图书服务热线）
网　　址 / http://www.bitpress.com.cn
经　　销 / 全国各地新华书店
印　　刷 / 雅迪云印（天津）科技有限公司
开　　本 / 880毫米×1230毫米　1/16
印　　张 / 8.5　　　　　　　　　　　　　　　　责任编辑 / 申玉琴
字　　数 / 72千字　　　　　　　　　　　　　　文案编辑 / 申玉琴
版　　次 / 2020年8月第1版　2020年8月第1次印刷　责任校对 / 周瑞红
定　　价 / 98.00元　　　　　　　　　　　　　　责任印制 / 李志强

图书出现印装质量问题，请拨打售后服务热线，本社负责调换

前言

清末民初之际，蔡元培、李石曾等仁人志士以救国图存为己任，分赴欧洲寻求救国真理。西方先进的科学技术、发达的社会制度、昌明的精神思想，莫不使中国留学生倾心。"输世界文明于国内"以改良中国，成为他们共同的理想。他们一面组织留法勤工俭学，一面兴办法式教育，中法大学由此应运而生。

1920年，中法大学在北京成立，名为北京中法大学（1928—1949年，北京改名为北平，北京中法大学时而又称为北平中法大学）。1950年拆分并入华北大学工学院（今北京理工大学）、北京大学、南开大学三所高校。中法大学前后持续了30年，开启了中法教育文化交流史上绚丽的篇章，也为日后各大学的发展带来了深刻的影响。

中法大学采用了特殊的大学区制，形成大学、中学、小学及产业为一体的教育体制。早期曾在湖南、四川、河北等多个省和地区成立法文预备学校，并在广东成立广东中法大学筹备处。为推进"西学"拓展影响，还在法国成立了里昂中法大学，比利时成立了晓槐露工业专修馆，其影响贯通中国南北，波及海内外，也开创了近代中国人在国外办大学的先例。

中法大学是中法文化交流史中存留不多的珍贵记忆。北京中法大学旧址至今延续着中法文化交流的气息，经常举办法国文化艺术交流活动，并成为法国大使访问中国的重要场所。2014年3月26日，国家主席习近平在法国参观了里昂中法大学旧址并将其作为访法交流的重要场所。

本图册通过收集整理相关档案、图书资料，及近年媒体、网络、研讨会等公开发表文章等，并采访相关人物、知名校友等，以图片的形式，比较全面系统地反映了北京中法大学的全貌和发展历程。其中，许多照片是首次公开，旨在以图展史，依托特殊的历史文化，丰富学校文化建设和中法关系研究内容，以拓宽中法文化交流渠道。图册以北京中法大学的发展概况为中心，也收录部分里昂中法大学史料图片。

目录

第 1 章　中法大学概况 / 001
1. 北京中法大学简介 / 002
2. 中法大学的酝酿 / 004

第 2 章　综合学科 / 013
1. 中法大学成立 / 014
2. 综合性大学的形成 / 018
3. 标识与印迹 / 059

第 3 章　区制体制 / 067
1. 中法大学区制 / 068
2. 中法大学中小学 / 071
3. 大学所属产业 / 084

第 4 章　里昂中法大学 / 091
1. 海外大学的形成与创办 / 093
2. 文化传播与学生培养 / 098

第 5 章　包容联合　重新出发 / 103
1. 终结与拆分 / 104
2. 藏书与出版 / 106
3. 传承延续 / 118

后记 / 127

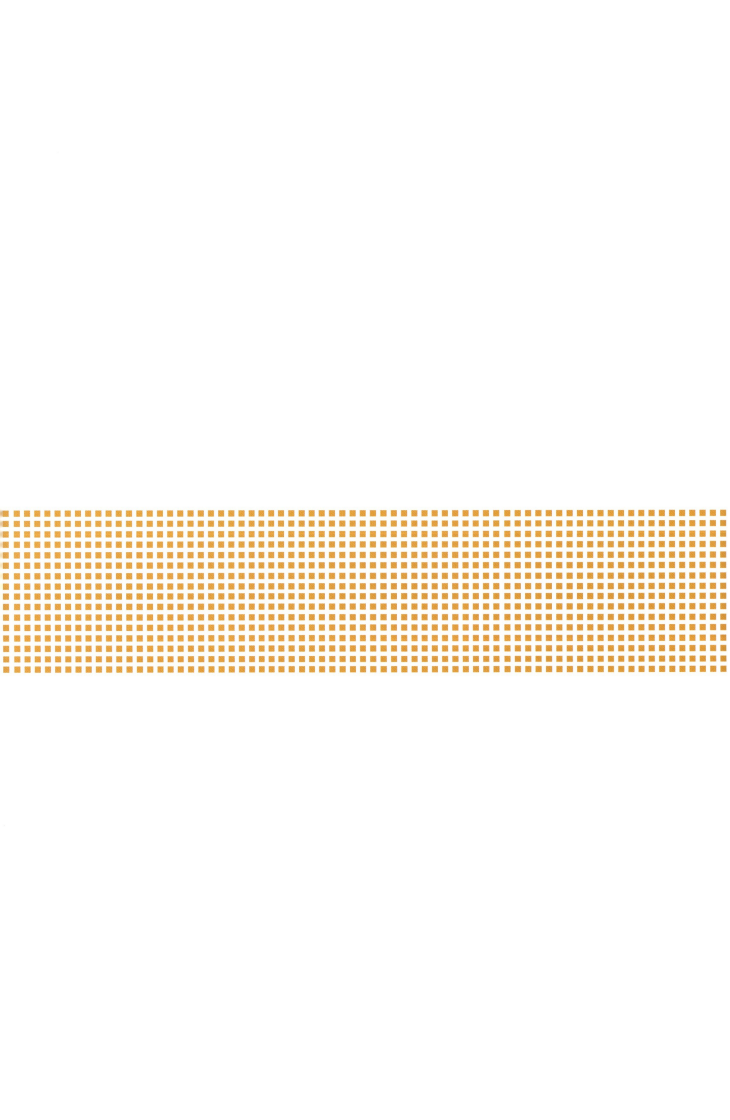

Aperçu général de l'Institut Franco-Chinois

第 1 章
中法大学概况

1 北京中法大学简介
Introduction de l'Institut Franco-Chinois de Pékin

20世纪初，李石曾、蔡元培、吴稚晖等人组织发起留法俭学会，创办法文预备学校和孔德学校，为中法大学的创办奠定了基础。1920年，设在西山碧云寺的法文预备学校，改称为中法大学西山学院，是该大学创建之始。1924—1925年，中法大学在原有学科基础上，成立了以法国社会学家孔德、文学家服尔德、化学家居礼[①]、生物学家陆谟克的名字命名的四大学院——孔德学院、服尔德学院、居礼学院、陆谟克学院，学校部分主体由西山迁移至东皇城根北街（现东黄城根北街）及附近，组建了之后中法大学的校本部。1929年，中法大学成立药学专修科，后又成立中法大学镭学研究所。1931年，中法大学四大学院分别改称社会科学院、文学院、理学院和医学院。1933年，社会科学院并入文学院。1939年，中法大学因抗日战争南迁至昆明；1945年，返回北京，恢复招生。1950年9月，中法大学正式停办，并分流至华北大学工学院（今北京理工大学）、北京大学、南开大学。

中法大学旧址，现位于东黄城根北街甲20号，1984年公布为中国北京市文物保护单位。

图1-1　中法大学正门

---

① 即居里，为了与"居礼学院"一致，本文采用"居礼"。

李石曾（1881—1973年）

蔡元培（1868—1940年）

吴稚晖（1865—1953年）

图1-2　中法大学主要创始人

2 中法大学的酝酿

19世纪末20世纪初，清政府为图强国安邦之策，先后多次派学生赴英、法、德留学，掀起了近代中国学生的旅欧浪潮。西方先进的科技技术、发达的社会制度、昌明的精神思想，莫不使中国留学生倾心，"输世界文明于国内"以改良中国，成为他们共同的理想。他们组织世界社，出版世界读物，宣传世界精神，甚至在国外开展实业，一面组织留法勤工俭学，一面兴办法式教育。1912年，李石曾、吴稚晖等人在北京发起成立留法俭学会，得到时任教育总长蔡元培的鼎力支持。俭学会以"勤于作工，俭以求学"为目的，号召有志青年去法国半工半读，为中国早期发展工业、实业救国探索道路，促使一大批青年在劳动、学习、斗争中走上反帝、反封建的革命道路。俭学会中的先进分子如周恩来、赵世炎、蔡和森、李维汉、王若飞、李立三、向警予、陈毅、陈延年、陈乔年、聂荣臻、邓小平、李富春等，他们利用在欧洲的有利条件，努力学习马克思主义，研究俄国十月革命的经验，相继成为马克思主义者。

李石曾等人在西学运动中一面推广勤工俭学，一面组织世界社、开办工厂、发展出版业等，为传播近代科学文化、发展实业经济创造条件。

图1-3　1906年，李石曾（左一）在英国

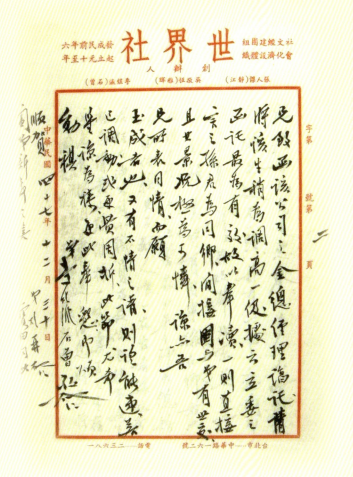

图1-4 李石曾书札（世界社发起成立于1902—1917年，组织团体建设经济文化社会，创办人为李石曾、吴稚晖、张静江）

图1-5 世界社机构设在上海市福开森路393号

图1-6 世界社组织的世界书局

图1-7 蔡元培(中)、李石曾(左一)、吴稚晖(左三)、张静江(右三)等人在世界社集会,讨论世界文化合作及《世界学典》事宜

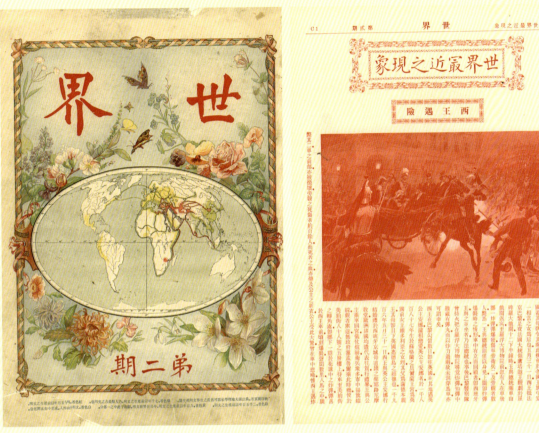

图1-8 世界社组织出版的中国最早的彩色画报之一——《世界》

图1-9 1908年,李石曾在加尔那·哥伦比村(La Garenne-Colombes,巴黎郊区)开了一家豆腐工厂,为30多个同乡提供工作

图1-10 1909年,豆腐工厂参加万国食品博览会之展台

图1-11 法国蒙达尔纪以李石曾(李煜瀛)命名的交叉路

图1-12 1912年,李石曾用法文出版关于大豆的作品

1912年,"勤工俭学"会成立,为推动留法教育,俭学会在北京等地建立留法预备学校,以输送人员赴法俭学。为解决留法经费问题,勤工俭学运动的领导人李石曾、蔡元培、吴稚晖等,联络各界人士,敦促法国退还庚子赔款,用于中法教育事业。

图1-13 1913年5月,"留法俭学会"第三班学生赴法前留影

图1-14 1919年高等法文专修馆爱国运动与赴法留学倡导集会

图1-15 1920年7月,旅法勤工俭学的新民学会会员在法国蒙达尼城开会,讨论改造中国的道路问题,照片为会后合影,其中有蔡和森、向警予、李维汉、萧子升等

图1-16 李石曾(中)与里昂中法大学学生在圣依雷内堡罗马引水道废墟下留影

Disciplines

第 2 章 综合学科

1 中法大学成立
Création de l'Institut Franco-Chinois

1917年，留法俭学会在北京西山碧云寺开办法文预备学校，并于同年的12月25日在北京东城方巾胡同成立了孔德学校。1920年春，李石曾等人策划将西山碧云寺法文预备学校改称中法大学西山学院。至此，中法大学在北京正式成立。

图2-1　法文预备学校教室

图2-2　法文预备学校校舍

图2-3　西山碧云寺办学点

图2-4　1920年中法大学西山学院成立合影

图2-5 北京中法大学全景

中法大学酝酿成立前后，一些四川、湖南、广东、浙江、江苏和湖北地区的学生踏上了留法之路，其中就有周恩来、邓小平、陈毅、李富春、李维汉、聂荣臻、徐特立等，他们成为近代中国留法俭学运动的践行者和开拓者。

图2-6 20世纪初，运送学生去里昂中法大学的船

图2-7　李石曾创建的豆腐公司夜班

图2-8　留法勤工俭学学生总会会务报告（1923年）

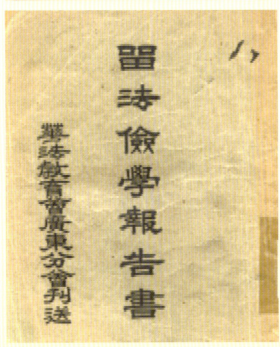

图2-9　留法俭学报告书（1924年）

图2-10　留法勤工俭学运动所用图书

图2-11　中法大学驻法国办事处

图2-12　中法协进会第二公会合影

综合性大学的形成
Formation d'une université

1924年，中法大学西山学院的理科迁至北京地安门外；1925年，文科学院迁至北京东皇城根39号（现东黄城根北街甲20号），校长室、事务处等机构部门亦定址于此，这里也成为北京中法大学的校本部。

中法大学进一步明确分科：居礼学院含数学、物理和化学三个科系；服尔德学院含中国文学、法国文学和经济学三个科系；孔德学院含哲学和社会科学；陆谟克学院含生物系、医学系。30年代初，这些学院又分别改称理学院、文学院、社会科学院和医学院。修学期限：文、理、社会科学这三院学制四年，医学院学制为六年。

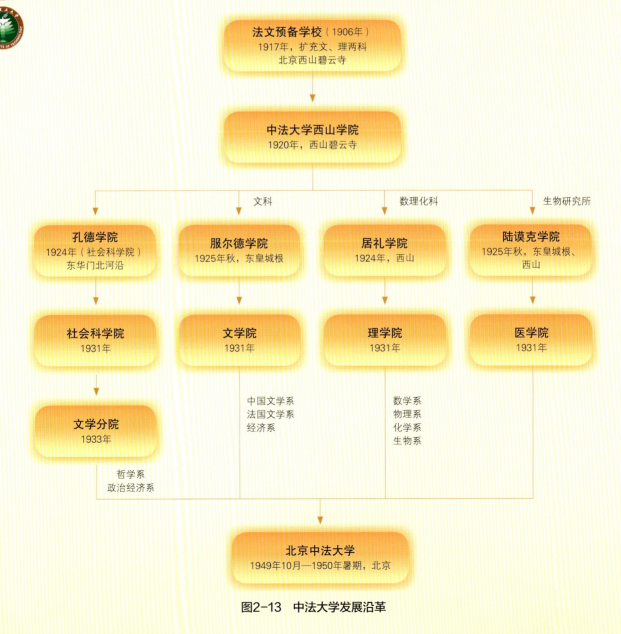

图2-13 中法大学发展沿革

图2-14　早期的孔德学院

图2-15　地安门外早期的居礼学院、服尔德学院（右侧门）和陆谟克学院（左侧门）

图2-16 位于西山碧云寺内的陆谟克学院（乙部）正门

图2-17 1925年服尔德学院成立合影

图2-18　1925年居礼学院学生会成立合影

图2-19　1925年中法大学全体合影

图2-20 中法大学礼堂

图2-21 中法大学礼堂外侧

图2-22 礼堂会客室

图2-23　礼堂内部的图书馆阅览室

图2-24　师生在阅览室看书

图2-25 居礼楼

图2-26 居礼学院实验室

图2-27　化学第一实验室（1929年）

图2-28　化学第二实验室（1929年）

图2-29　化学第三实验室

图2-30　化学研究室一

图2-31　化学研究室二

图2-32　定性分析实验室一

图2-33　定性分析实验室二

图2-34　有机分析实验室一

图2-35　有机分析实验室二

图2-36　普通化学实验室

图2-37 物理化学实验室

图2-38 化学实验预备室

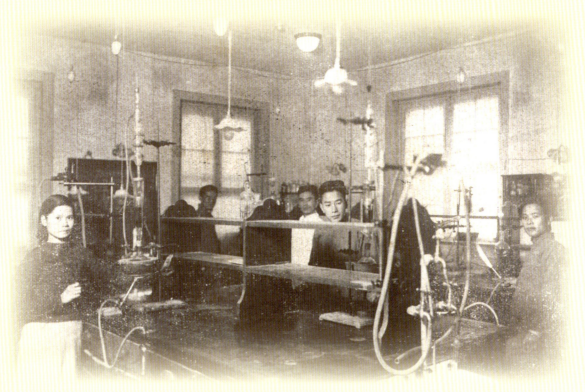

图2-39　有机制造实验室预备室

图2-40　工业化学实验室

图2-41　医科学生化学实习

图2-42　普通物理第一实验室（1929年）

图2-43 普通物理第二实验室（电学）

图2-44 普通物理第三实验室

图2-45 电工实验室

图2-46 电磁学实验室

图2-47 近世物理实验室

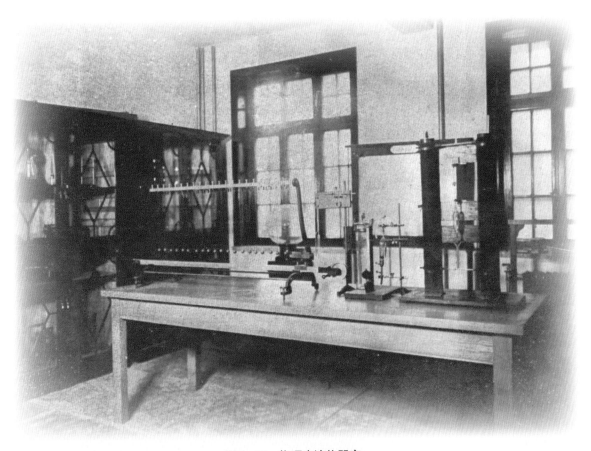

图2-48 物理表演仪器室一

图2-49 物理表演仪器室二

图2-50 学生在物理实验室学习

图2-51　发生学实验室

图2-52　普通动物学实验室

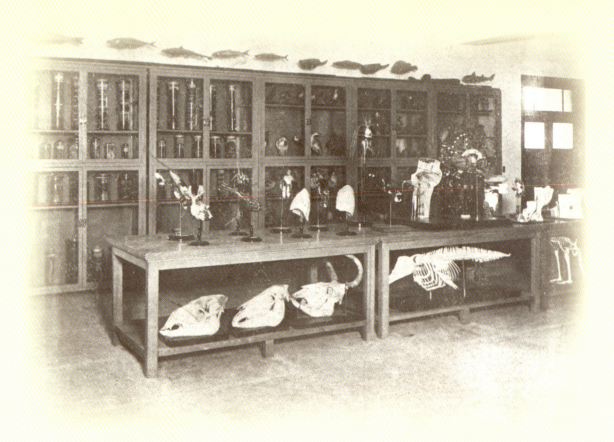

图2-53　脊椎动物标本室

图2-54　无脊椎动物标本室

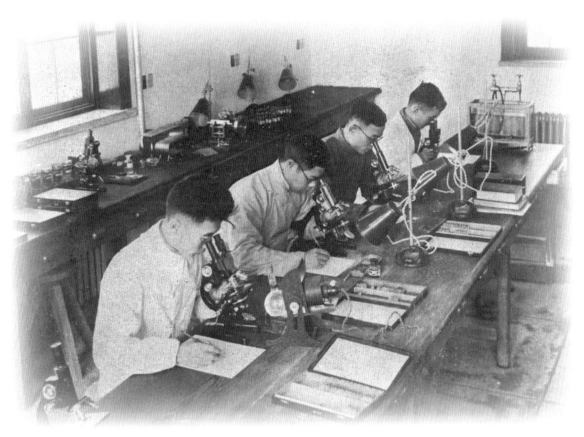

图2-55　组织学实验室

图2-56　比较解剖实验室

图2-57　生理实验室

图2-58　普通植物学实验室

图2-59　植物研究室

图2-60　植物培育实验室

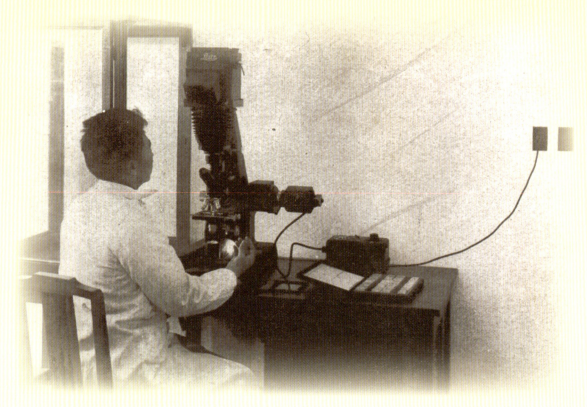

图2-61　照相室

图2-62　植物标本室

图2-63　标本陈列室

图2-64　1925年留法同学会

图2-65　1925年中法大学同学会在中央公园水榭亭聚餐留影

图2-66　1925年3月，中法大学李石曾先生（右二）及部分教职员追悼孙文总理

图2-67　1925年中法大学代校长李书华（右二）与中法友人参谒位于西山碧云寺内的孙文总理衣冠冢

图2-68　中法大学学生参加中山先生悼念会

图2-69　1927年中法大学创始人合影

图2-70　1927年中法大学成立7周年纪念（一）

图2-71 1927年中法大学成立7周年纪念（二）

图2-72 1928年联聚会学生在食堂听讲演

图2-73　1928年中法大学全体师生合影

图2-74　1929年中法大学第九周年纪念合影

图2-75　1929年部分职工合影

图2-76　1931年中法大学欢迎蔡元培先生合影

图2-77　1932年中法大学商业专科学校开学典礼

图2-78　1935年9月2日在中法大学召开的中国物理学会第四届年会

图2-79　1935年中法大学毕业同学与教职员及校友合影

图2-80　1939年中法大学理学院开学纪念

图2-81　1942年师生同庆中法大学成立22周年

图2-82　1946年欢迎李石曾合影

图2-83　1946年文史系毕业留影

图2-84　1947年中法大学师生合影

图2-85　1948年物理学院毕业留影

中法大学镭学研究所与药物研究所

1931年春，北平研究院与中法大学居礼学院合作，在与中法大学毗邻的北平研究院理化楼内组建放射性实验室。在此基础上，于1932年年初成立了镭学研究所，下设放射学、X光和光谱学3个研究室，一个放射化学实验室。1934年，居礼夫人的第一位中国留学生郑大章到镭学研究所任副所长和放射化学实验室主任，同时在中法大学兼任教授。

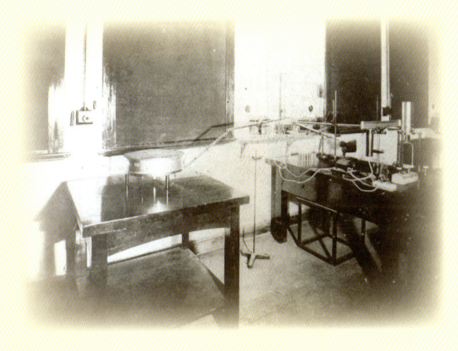

图2-86　镭学研究所的测量放射仪

图2-87　1934年悼念居礼夫人合影

1932年6月，药物研究所正式成立，9月1日开始工作，每年从中法教育委员会获得一定资助。其办公室及化学研究部，设在上海药学专修科，1936年迁至上海市福开森路世界社。

图2-88　药物研究所全景

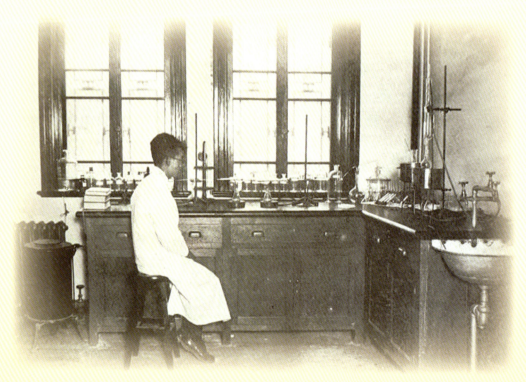

图2-89　药物研究所实验

图2-90 药物研究所办公室

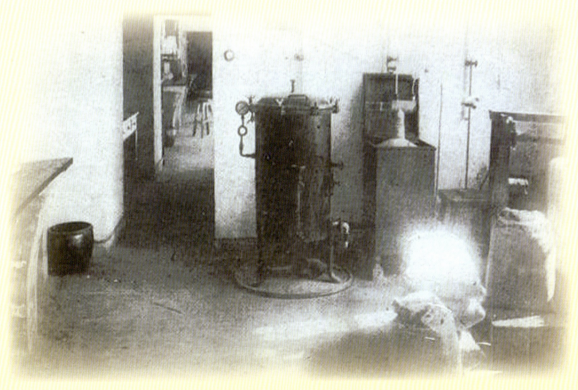

图2-91 药物研究所实验设备

中法大学镭学研究所与药物研究所，是两个国内首创并传承至今的研究所，拥有严济慈、赵承嘏、庄长恭、郑大章、陆学善、钱三强等国内一流学者。

图2-92　赵承嘏在药物研究所

校徽

标牌

袖章

图2-93　中法大学标识

图2-94　中法大学概况

图2-95　中法大学组织大纲

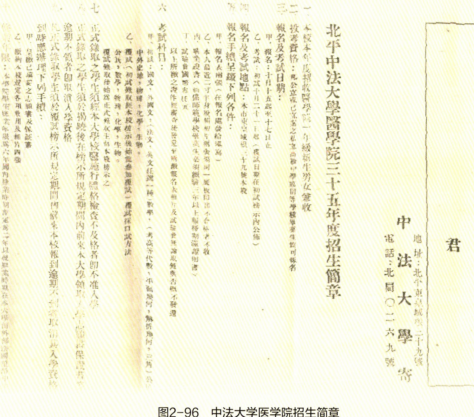

图2-96　中法大学医学院招生简章

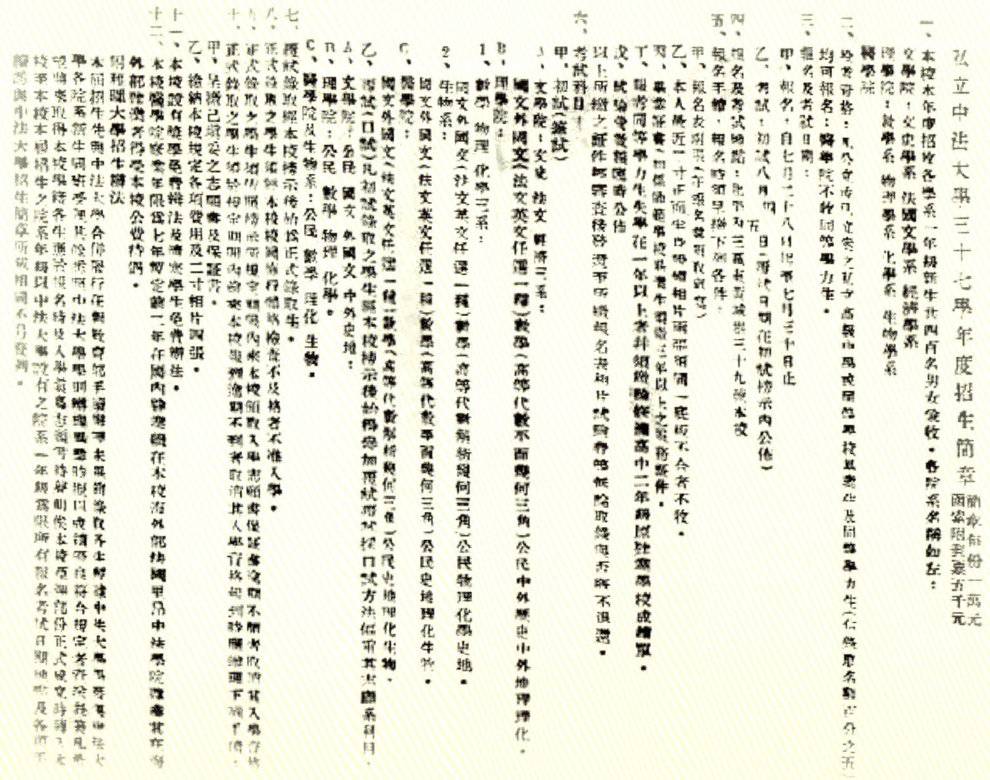

图2-97　中法大学招生简章

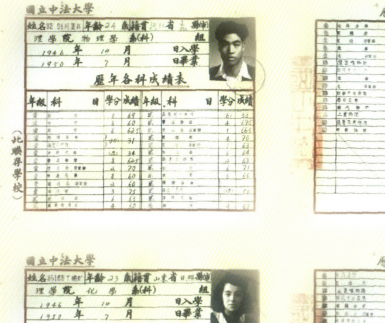

图2-98 中法大学学生成绩表

图2-99 中法大学学生毕业证书一

图2-100 中法大学学生毕业证书二

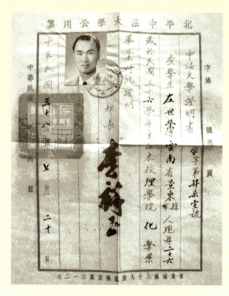

图2-101 学生的毕业证明

图2-102 1926年,陈毅毕业于中法大学服尔德学院,获得文学士

國立中法大學一九五〇年八月份學生人數統計表 （四）

院系\性別\年級	總計			一年級			二年級			三年級			四年級		
	計	男	女	計	男	女	計	男	女	計	男	女	計	男	女
總計	441	313	128	163	118	45	148	106	42	99	70	29	31	19	12
理學院 共計	216	160	56	75	55	20	75	60	15	47	34	13	19	11	8
數學系	14	11	3	10	8	2	4	3	1						
物理系	57	50	7	20	16	4	23	21	2	11	10	1	3	3	0
化學系	101	72	29	28	19	9	35	27	8	27	20	7	11	6	5
生物系	44	27	17	17	12	5	13	9	4	9	4	5	5	2	3
文學院 共計	225	153	72	88	63	25	73	46	27	52	36	16	12	8	4
文史系	65	40	25	24	16	8	20	10	10	13	9	4	8	5	3
法文系	36	23	13	21	16	5	7	3	4	4	1	3	4	3	1
經濟系	124	90	34	43	31	12	46	33	13	35	26	9			

備考

校長　　主辦統計人　　1950年8月25日製

图2-103 1950中法大学学生人数统计表

國立中法大學一九五〇年八月份教員人數統計表 （二）

院系\性別\職別	總計			教授				副教授				講師				講員				助教	
	專任			專任		兼任		專任		兼任		專任		兼任		專任		兼任		專任	
	計	男	女	男	女	男	女	男	女	男	女	男	女	男	女	男	女	男	女	男	女
總計	36	31	5	14		4		4				1								9	4
理學院 共計	20	17	3	7		1		2												7	3
數學系	4	3	1	1																1	1
物理系	5	4	1	2				1												1	1
化學系	7	7		3		1														3	
生物系	4	3	1	1				1												2	1
文學院 共計	16	14	2	7		3		2				1								2	1
文史系	4	4		2		2															
法文系	5	5		3				2												2	
經濟系	4	2	2	2								1									1
政治課	1	1																			
俄文	2	2				2															

備考

校長 李麟玉　　主辦統計人 紀苾丰　　1950年8月25日製

图2-104 1950年中法大学教员人数统计表

國立中法大學一九五〇年八月份職員工警人數統計表 (三)

部門\人數\性別\職別	職員 總計 計			行政人員 男 女		技術人員 男 女		工 總計 計		技工 男 女		熟練工 男 女		普通工 男 女		工徒 男 女		警 校警 男 女	
總計	30			26	4			26	25	1	1			24	1				
院系 共計	4			4				5	5			1						5		
理學院 數學系								1	1									1		
物理系	1			1																
化學系	2			2				2	2									2		
生物系	1			1				1	1									1		
文學院 文史系																				
法文系																				
經濟系																				
行政部門 共計	21			18	3			14	14			1			13					
教務處 教務長室	1			1																
註冊組	3			2	1			1	1											
秘書處 秘書長室																				
文書組	4			3	1			1	1											
總務處 總務長室																				
會計組	6			5	1															
庶務組	4			4				12	12			1			11					
校長室	1																			
其他部門 共計	5			4	1			7	6	1					6	1				
圖書館	4			3	1			2	2						2					
宿舍辦公室	1			1				5	4	1					4	1				
備考																				

校長 李麟玉　主辦統計人 紀英章　1950年8月25日製

图2-105　1950年中法大学职员工警人数统计表

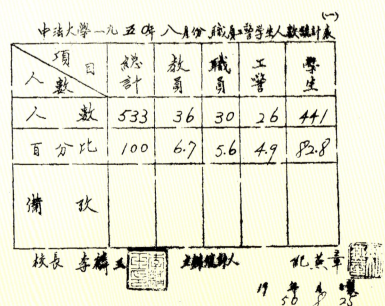

图2-106　1950年中法大学各类人员比例

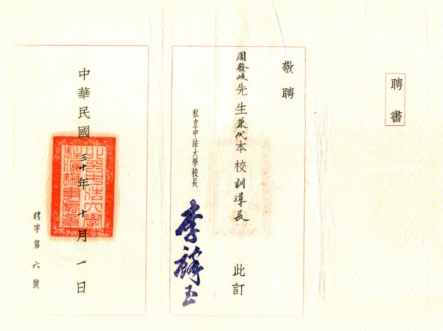

图2-107　1941年，中法大学聘请周发岐先生为训导长

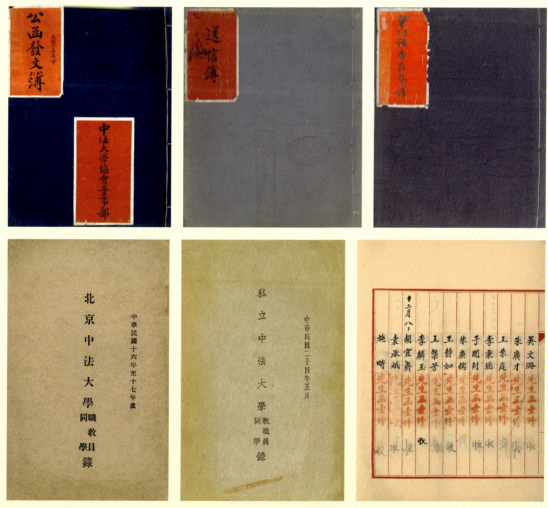

图2-108　中法大学文簿

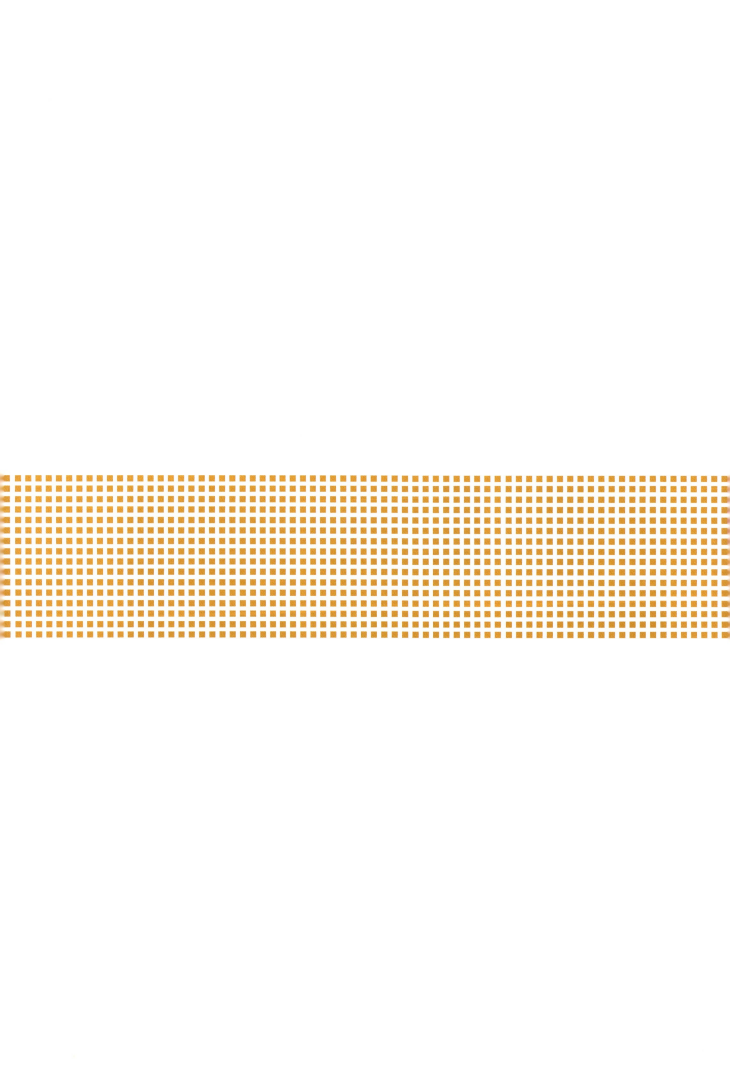

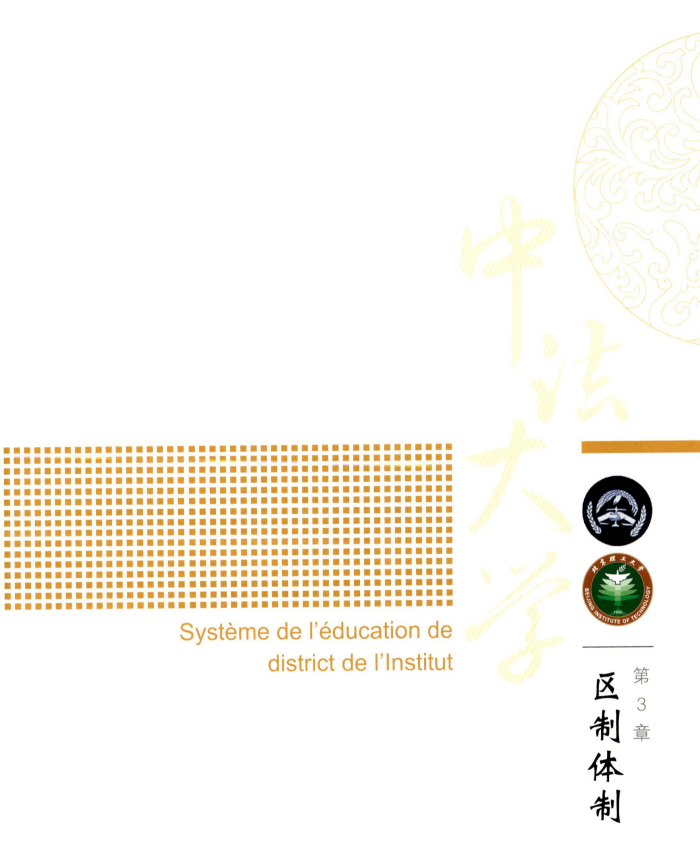

Système de l'éducation de district de l'Institut

第 3 章

区制体制

1 中法大学区制

Système de l'éducation de district de l'Institut Franco-Chinois

民国初年，军阀混战，政府更迭频繁，国内教育发展滞后，蔡元培、李石曾等人主张借鉴法国的大学区制教育管理体系，由教育家办教育，排除行政系统的干预，以保证实现教育独立，其典型措施是按地区分布管理教育机构，一个地区设立一个大学，中等以上各专门学校都可设在大学里，地区内的中、小学校教育和社会教育机构均由大学统一管理。大学区制仅于1927—1929年在全国部分区域进行了试行，时间短暂，但影响深远。中法大学不仅具有高等教育学科体系，还设立了中学、小学及幼稚园，形成大、中、小学教育一体化管理模式。

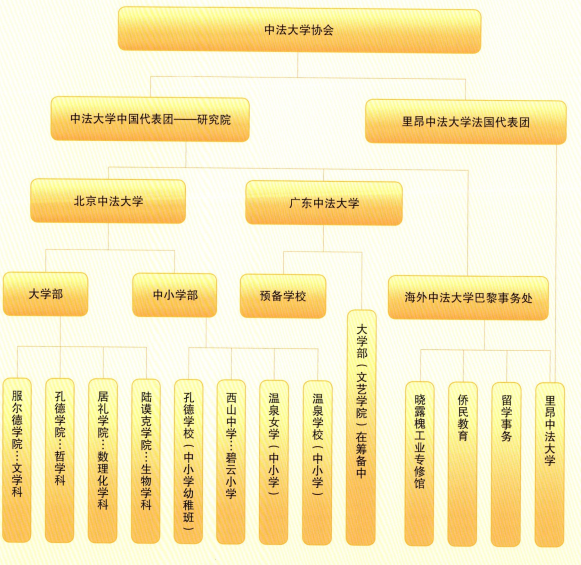

图3-1 中法大学区制机构体系

表3-1 北京中法大学各部住址[①]

北京中法大学各部住址	
北京中法大学协会	东皇城根三十九号
北京中法大学	校长室东皇城根三十九号　电话东局七百八十三号 事务处东皇城根三十九号　电话东局一百八十二号
服尔德学院	东皇城根三十九号　电话东局二百六十九号
居礼学院	后门外东不压桥西路北吉祥寺　电话东局一千二百五十八号
陆谟克学院	东皇城根三十九号又香山碧云寺
孔德学院及孔德学校	董事会东华门北河沿　电话东局三千三百二十号 本校东华门北河沿　电话东局二千四百七十号 南分校东华门大街　电话东局二百七十二号 北分校东华门北河沿　电话东局二千七百三十六号
温泉中学校	京西北安河环谷园
温泉女子中学校	京西清河镇温泉村
西山中学校	京西香山碧云寺　电话香山分局七号
西山天然疗养院	京西碧云寺　电话香山分局七号
温泉疗养院	京西清河镇温泉村
第一农林试验场	京西香山碧云寺煤厂街
第二农林试验场	京西清河镇温泉村
第三农林试验场	京西金山

---

① 参见中法大学刊行：《北京中法大学要览》，民国十七年（1928年）。

图3-2 李书华(前排左一)、李石曾(前排左二)、李麟玉(二排左二)、铎尔孟(二排右二)、贝熙业(后排右一)等中法大学教师合影

```
                    中法大学附属中小学科目与分级
                    ┌──────────────┴──────────────┐
                   科 目                          分 级
        ┌──┬──┬──┼──┬──┐          ┌──┬──┬──┼──┬──┐
       国 外 数 自 社 美          幼 初 高 初 高 夜
       文 国 学 然 会 术          稚 级 级 级 级 校
          文    科 科              园 小 小 中 中
                学 学                 学 学 学 学
                                     (1 (4 (7 及
                                     ～ ～ ～ 大
                                     3  6  10 学
                                     年 年 年 部
                                     级) 级) 级)(11
                                                ～
                                                15
                                                年
                                                级)
```

图3-3　中法大学附属中小学科目与分级

图3-4　中法大学附属温泉小学（设于温泉关帝庙）

区制体系下，中法大学强调培养学生的动手能力，尤其是物理、化学、生物等课程，要求学生亲自动手实验，并完成实验报告。为此，学校逐步构建了农林试验厂、附属化工厂、铁工厂、煤气厂和机械厂等实习基地。这些厂成为师生们完成教学和实验的重要场所，其生产所得的相关产品也补充了当时市场所需。

图3-5　温泉小学学生实习织袜

图3-6　温泉学校（最初设在温泉村寺庙中）

图3-7 中法大学附属碧云寺小学

图3-8 孔德女校开学典礼及部分北京华法教育会会员合影（1918年）

图3-9 北京孔德学校参加联合运动会表演（1919年）

图3-10　北平孔德学校正门（1929年）

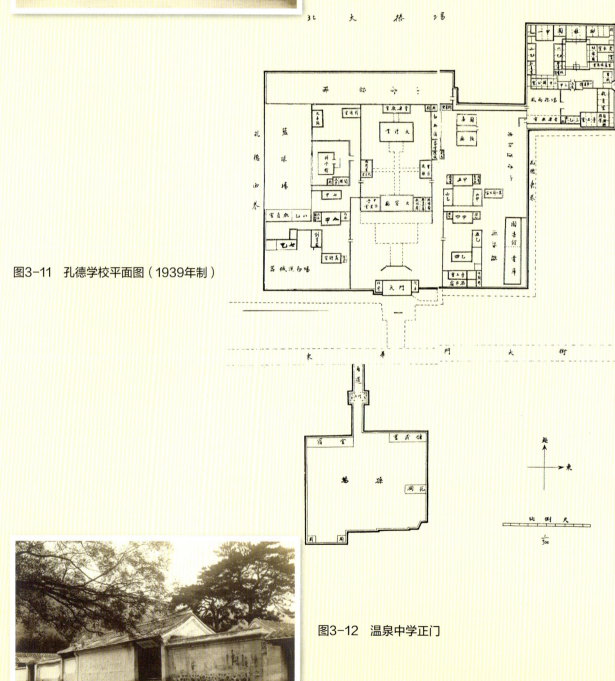

图3-11　孔德学校平面图（1939年制）

图3-12　温泉中学正门

图3-13 温泉中学正门侧面外景

图3-14 温泉中学礼堂

图3-15 温泉中学宿舍

图3-16 温泉中学学生野外采集昆虫（1925年）

图3-17 温泉中学博物标本室（1925年）

图3-18 温泉中学学生食堂（1925年）

图3-19 温泉中学盥漱室（1925年）

图3-20　温泉中学的石碑

图3-21　李石曾在温泉中学追悼爱国人士时发表演讲

图3-22　温泉中学全体师生合影（1925年）

图3-23 1923年温泉中学师生合影一

图3-24 1923年温泉中学师生合影二

图3-25 温泉女中图书室一隅

图3-26 温泉女中合影

图3-27 1928年西山中学毕业师生合影

图3-28　中法大学附属高级中学校甲乙部第四届毕业师生合影（1935年）

图3-29　中法大学附属高级中学校甲部第六届毕业生合影（1937年）

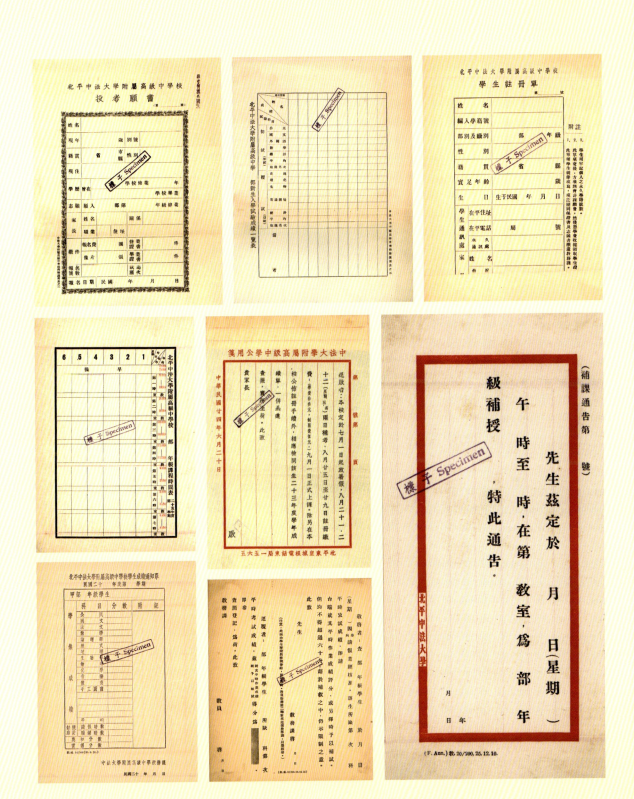

图3-30 中法大学附属高级中学学籍与课程样表

3 大学所属产业

学制体系下，中法大学倡导教育与产业相结合，除了正规的学制体系外，学校还进一步发展各项产业，为理论联系实际、劳动和学习相结合创造条件。

第一农林试验场位于北京香山碧云寺外一带，始建于1920年。主要种植树木和农作物及药材等，所种药材供疗养院制药用。

第二农林试验场位于温泉村东，建于1923年4月1日，主要培育优良品质的石窝蜜桃，插枝繁育玫瑰香、黑粒紧等多种葡萄，用自己生产的葡萄酿酒，同时为温泉中学和温泉女中两校提供动植物课实习场所。学生能到棉田里采摘棉花，既锻炼了身体，又学到了农业知识。

第三农林试验场设在金仙寺。试验场在环谷园、金山一带有山坡地、山场1 000余亩，有房屋140间，分为四个院落。山场以外，还设有苗圃、林场、蜂场等。

图3-31　中法大学第一农林试验场

图3-32　中法大学第二农林试验场

图3-33　中法大学第三农林试验场

中法大学铁工厂成立于1925年，十年后经过扩充，厂址设在北京东皇城根中法大学的对面，占地二三十亩。工厂里重要的精密机器设备都是由德国进口的，铁工厂的任务是制造、修理、维护所有中法大学各学系实验室，以及研究所实验室所需的仪器、仪表和铜铁制品等。同时，铁工厂还承担着中法大学附属高中部的工艺手工课，对培养学生的动手能力、丰富学生的课间生活起到了重要作用。

1925年，中法大学还改建了煤气厂。煤气厂的厂址设在北京市东皇城根中法大学的后面，占地二三百平方米，院内设有机房、办公室等，主要负责制造、存储、供应教学和科研试验所用的合格煤气。

图3-34　中法大学附属铁工厂（1925年）

图3-35　铁工厂内部

图3-36　学生在铁工厂实习

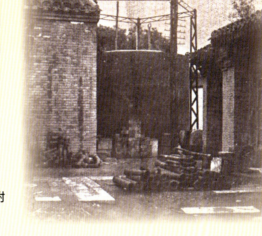

图3-37　中法大学附属煤气厂

1935年秋，中法大学成立化工厂，生产的偶氮染料成为畅销产品，能在市场上顶住舶来品的压力。

图3-38　中法大学化工厂一周年纪念合影

图3-39 温泉疗养院开幕

图3-40 温泉疗养院正门

图3-41　碧云寺疗养院

图3-42　1920年，碧云寺泉水院，蔡元培（左）和李石曾（右）合影

图3-43　1923年，中法大学师生在碧云寺合影

图3-44　中法大学西山疗养院会客室

1919—1920年，全国18个省的千余名青年先后赴法勤工俭学，其中一部分后来进入里昂中法大学。

在北京中法大学成立的同时，李石曾等人倡导将大学办到国外去，让中法教育交流能够得到有效实践。筹办里昂中法大学的经费主要来源于两个方面：一方面是俭学会及华法教育会为勤工俭学学生海外求学募捐的经费；另一方面是退还的"庚子赔款"。另外还得到了时任华法教育会副主席莫里斯·穆泰（Marius Moutet）和里昂市市长爱德华·赫里欧（Édouard Herriot）的支持。

图4-1　里昂中法大学

1921年，中法大学海外部在法国里昂成立，里昂中法大学选址于法国里昂城西海拔300米的山丘上，是由名为"圣依雷内堡"的一座旧军营改造而成的。1921年7月，里昂中法大学在国内公开招考第一批学生。首批新生由吴稚晖带领，于1921年9月25日乘船抵达法国，加上之前已在法国勤工俭学并通过专设的法文考试后录取的学员，里昂中法大学的第一届新生总数达到一百余人。

图4-2　里昂中法大学全景

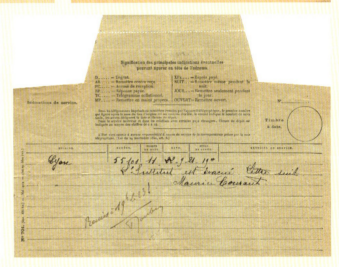
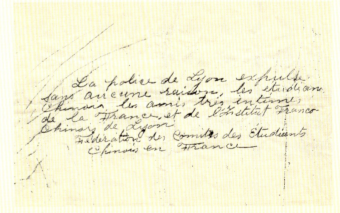

图4-3 里大运动

图4-4 里昂中法大学国庆日

图4-5 里昂中法大学宿舍

图4-6 里昂中法大学游戏室

图4-7 里昂中法大学食堂一隅

图4-8 里昂中法大学礼堂

图4-9 里昂中法大学的工作人员和学生（1929年）

图4-10 里昂中法大学校内

第 4 章 里昂中法大学

2 文化传播与学生培养

1921—1946年，共有473名学生从里昂中法大学毕业，其中有四分之一的人直到通过博士论文才回国。里昂中法大学培养了一批建设新中国的优秀人才。

图4-11 里昂中法大学图书馆

图4-12 里昂中法大学藏书《近世科学与无政府主义》

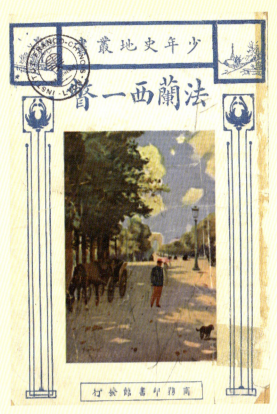

图4-13　里昂中法大学藏书《法兰西一瞥》

图4-14　里昂中法大学藏书《广州事变与上海会议》

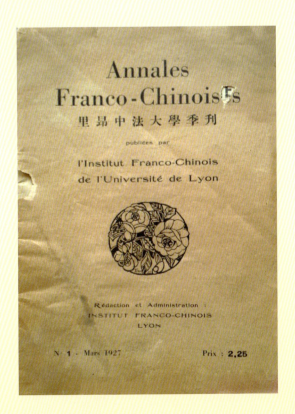

图4-15　里昂中法大学季刊

图4-16　里昂中法大学出版物

图4-17　里昂中法大学学生论文

图4-18　里昂中法大学学生证

1950年，里昂中法大学与北京中法大学停办。1980年，在原中法大学老校友的提倡下，为适应中国现代化建设的需要，里昂中法大学恢复接待中国进修学者。它主要培训技术骨干，为高水平学者（硕士、博士、博士后）提供为期一学年的进修助学金，集中在近代史专业、医学与健康研究、工业社会学专业三个方面。

2014年，中法建交50周年，习近平主席赴里昂中法大学旧址参观，并为中国—里昂关系促进中心、里昂中法大学历史博物馆揭牌。里昂中法大学见证着中法特殊的历史交往，承载着中法教育文化交流的使命。

图4-19　城堡军营遗址及将被重建为学院纪念馆的早期中国进修生课余活动大楼

2019年迎来中国留法勤工俭学运动100周年，里昂中法大学见证了中法百年友好合作。在其旧址建立起来的里昂新中法大学整装待发，继续不懈地推动中法文化交流合作。

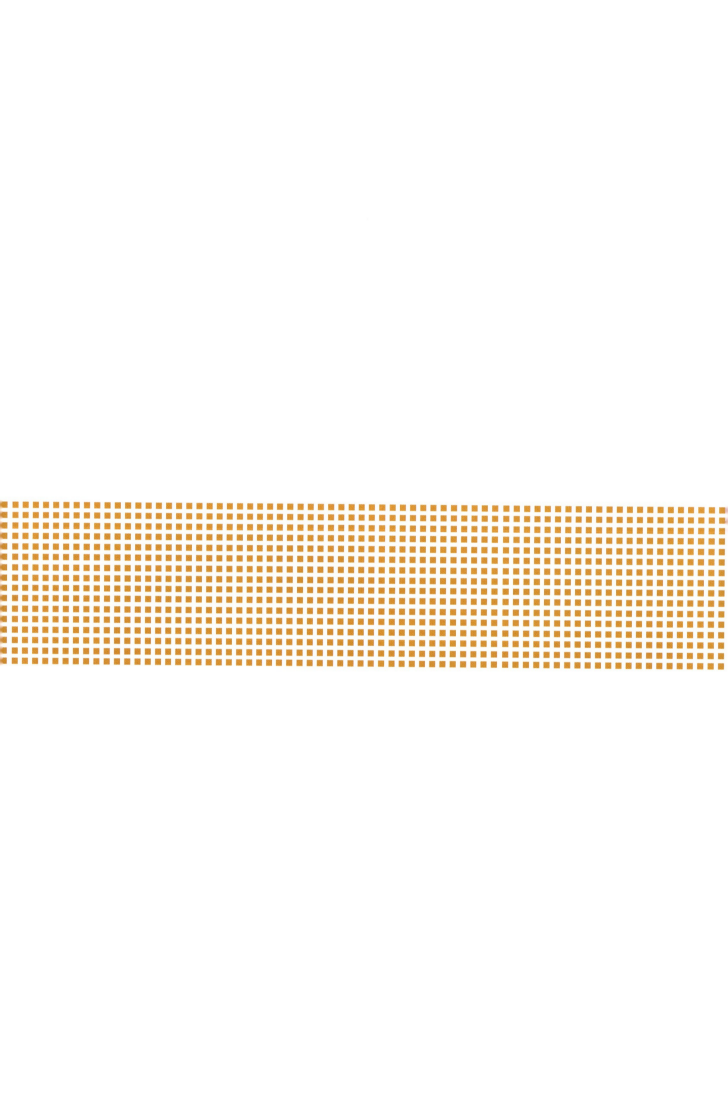

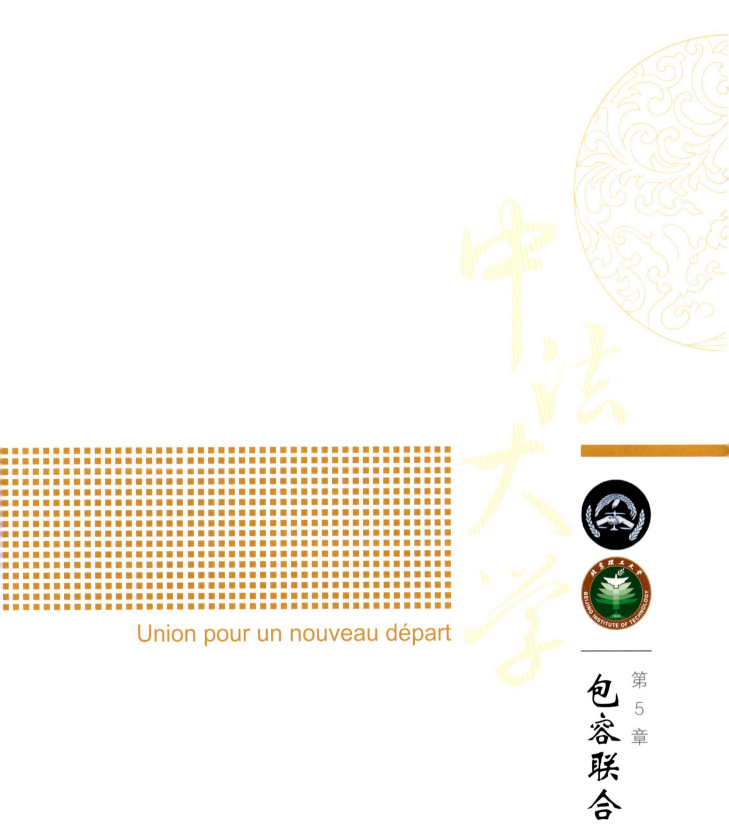

Union pour un nouveau départ

第 5 章 包容联合 重新出发

1 终结与拆分
Mettre fin et séparer

19 49年，中国教育面临着百废待兴的局面。1950年，教育部决定：中法大学于1950年暑假结束后停办；中法大学停办后，原文史系、法文系并入北京大学；经济系、生物系并入南开大学；数学、物理、化学系并入华北大学工业学院（数、理、化三系学生不愿去华大工学院者，可去北大）。

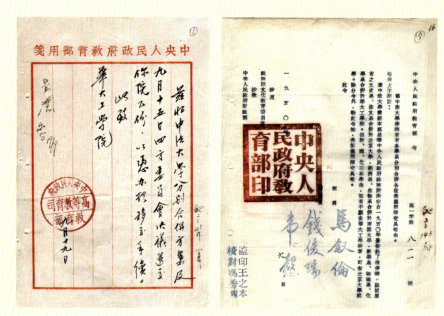

图5-1　中央人民政府教育部下发的文件

图5-2　中法大学拆合示意图

104　中法大学历史图说（1920—1950）

根据华北大学工学院、北大、南开3校的需要，中法大学本部大楼、各系实验室、大礼堂、图书馆及数、理、化系的图书设备划归华北大学工学院使用，中法大学工厂的厂房、机器、学生宿舍（包括家具）和文史、法文两系图书及线装书籍划归北大使用；生物系的设备、经济系的图书划归南开使用。

1950年10月初，华北大学工学院正式接收了中法大学本部大楼、各系实验室、大礼堂、图书馆和数、理、化三系的师资和设备。

图5-3　1950年并入华北大学工学院时部分同学合影

2 藏书与出版

中法大学图书馆建成于1931年，建筑外形呈工字形，分上下两层。楼下前部为会议厅，中部为礼堂，后部为书库，图书册数达到65 263册，藏书量相比全国其他高校略显优势。据资料统计，1932年，中法大学藏书量增至10万余册，到1937年，藏书总量达15万余册，其中中文图书58 114册，外文图书96 838册，另有杂志3 066册。中法大学拆分后，图书资源也随之分配到华北大学工学院（今北京理工大学）、北京大学、南开大学等单位。目前，北京理工大学与北京大学都对这些历史馆藏做了梳理。

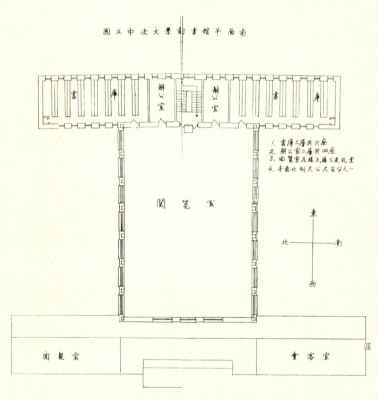

图5-4 中法大学图书馆平面图

图5-5 中法大学图书馆中文书库

图5-6　中法大学图书馆西文书库

图5-7　图书馆办公室

图5-8　1949年中法大学图书统计表

图5-9　中法大学藏书目录

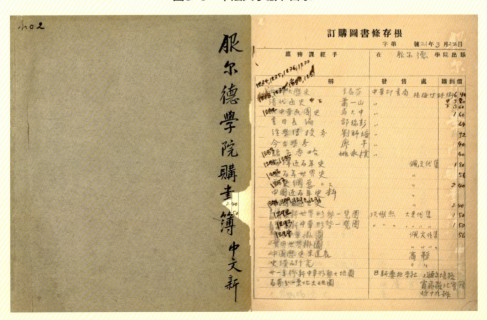

图5-10　服尔德学院的购书簿

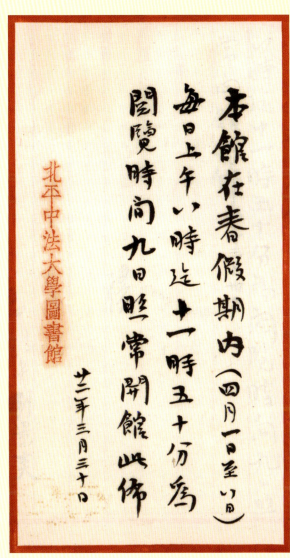

图5-11 中法大学图书馆公告存稿

第 5 章 包容联合 重新出发

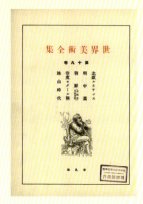
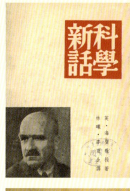

图5-12　中法大学部分藏书

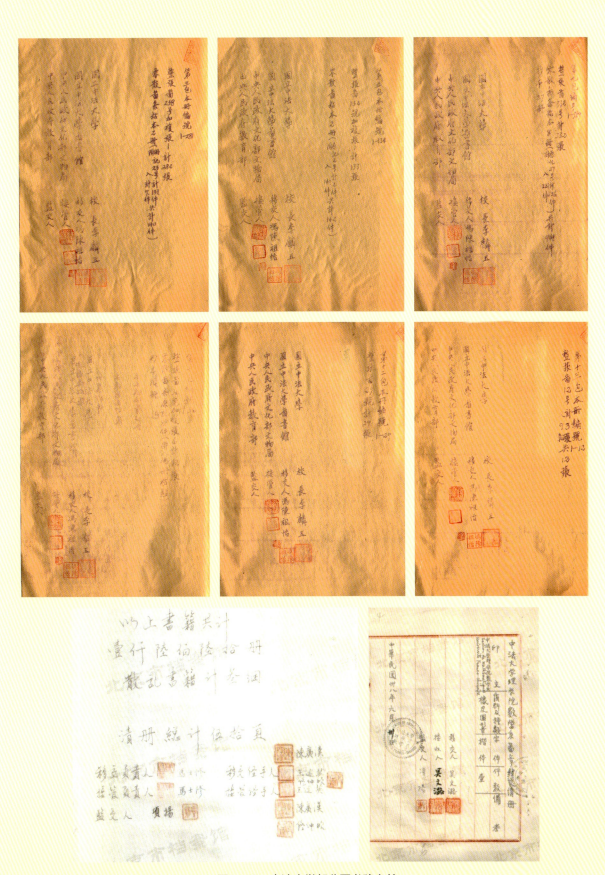

图5-13 中法大学部分图书移交单

第5章 包容联合 重新出发

图5-14　现藏于北京理工大学的法文文献

 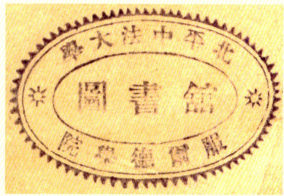

图5-15　中法大学居礼学院图书馆（1925—1931年）　图5-16　中法大学服尔德学院图书馆（1925—1931年）

图5-17　中法大学文学院图书馆藏书（1931—1949年）　图5-18　中法大学理学院图书馆藏书（1931—1949年）

图5-19 中法大学图书馆阅览室（1931-1949年）

图5-20 中法大学学生阅览室

图5-21 中法大学镭学研究所 Institut de Radium Université franco-chinoise（1932—1948年）

图5-22 中法大学法国文学系 SECTION DE LITTÉRATURE FRANCAISE I UNIVERSITÉ FRANCO-CHINOISE（1920—1949年）

第5章 包容联合 重新出发

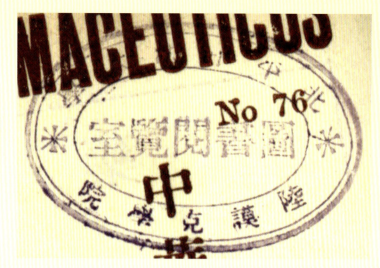

图5-23 中法大学陆谟克学院图书阅览室（1931—1949年）

图5-24 中法大学居礼学院图书馆阅览室（1925—1931年）

图5-25 中法大学事务处（1920—1949年）

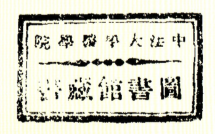

图5-26 中法大学医学院图书馆藏书（1931—1949年）

图5-27 中法大学图书馆 Bibliothèque de Universite Franco-Chinoise（1931—1949年）

图5-28 中法大学理学院化学系 SECTION DE CHIMIE UNIVERSITE FRANCO-CHINOISE

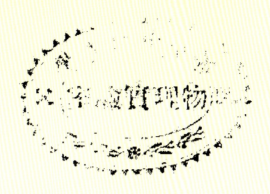

图5-29 中法大学物理实验室(1920—1949年)

图5-30 中法大学理学院物理学系 SECTION DE PHYSIQUE UNIVERSITÉ FRANCO-CHINOISE(1931—1949年)

图5-31 中法大学理学院数学系 SECTION DE MATHÉMATIQUES UNIVERSITE FRANCO-CHINOISE(1931—1949年)

图5-32 中法大学文学院文史系(1931—1949年)

图5-33 中法大学藏书(1931—1949年)

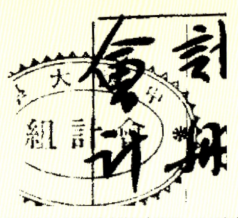

图5-34　中法大学会计组（1920—1949年）

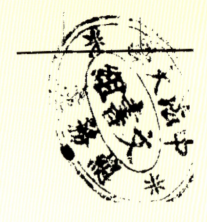

图5-35　中法大学总务处文书组（1920—1949年）

中法大學物理學系印鑑清册

印文	形狀	質料	個數	備考
北平中法大學物理實驗室	椭圓	橡皮	壹	
中法大學 理學院 物理學系 Université Franco-Chinoise Section de Physique	圓	橡皮	壹	

共貳件

移交負責人 馬士修　　移交經手人 王述英 徐仲屹 陳廣漢

接管負責人 馬士修　　接管經手人 王述英 陳廣漢 徐仲屹

監交人 謝籁

中華民國三十八年七月十二日

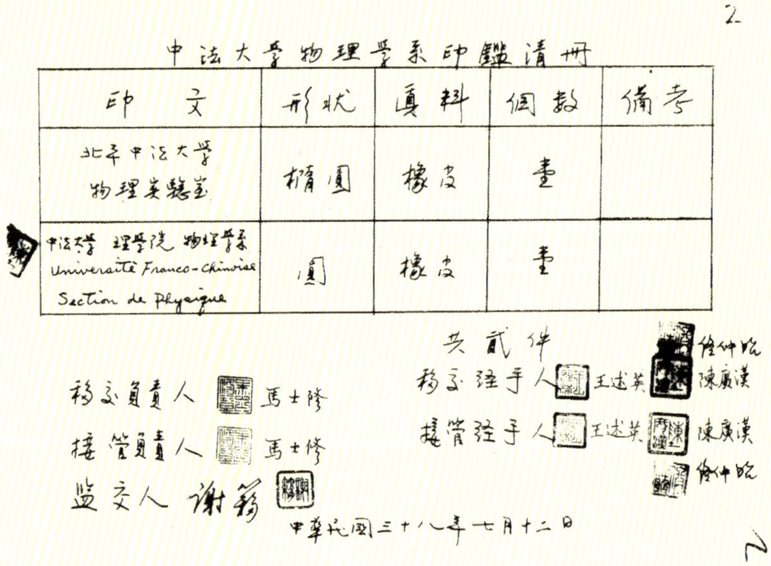

图5-36　中法大学物理学系印鉴清册（1949年）

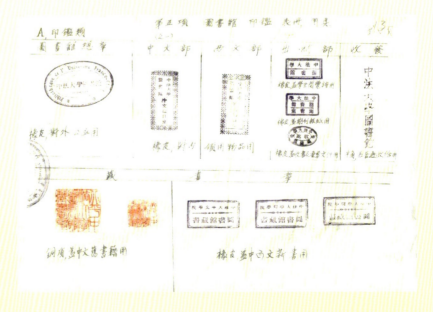

图5-37　中法大学图书馆印鉴册

图5-38 中法大学学生自治会学术股（1946—1949年）

图5-39 中法大学文学院文史系（1949—1950年）

图5-40 中法大学部分印刷品与出版物

3 传承延续
Poursuite et patrimoine

并入华北大学工学院的师生们，很多有着较好的教育背景，他们为国家科学技术的发展做出了不懈的努力和卓越的贡献。随着时代变迁，北京中法大学遗址，现已成为北京光电技术研究所，但这里仍定期承办与中法文化相关的艺术文化交流活动，它也是法国领导人访问中国时的首选参观场所。

图5-41　北京中法大学遗址

图5-42　20世纪50年代北京工业学院

图5-43　近现代中法文化交流学术研讨会在北京大学召开

图5-44　北京大学所藏中法大学遗留图书

第 5 章　包容联合　重新出发

图5-45　1982年中法大学老校友纪念合影

图5-46　1985年中法大学校友会成立大会全体合影

图5-47　1986年中法大学部分校友在北京工业学院合影

图5-48 1984年中法大学部分校友在西城政协礼堂前合影

图5-49 重启后的里昂中法学院

图5-50 2015年9月 北京理工大学图书馆开展中法大学特色藏书展

2015年9月24日，为了庆祝北京理工大学建校75周年，北京理工大学图书馆举办了中法大学历史纪念展，通过图片、书籍等历史资料让广大师生更多、更好地了解中法大学的历史，学习中法大学的民主、自由、平等和博爱的精神。

中法大学历史图说（1920—1950）

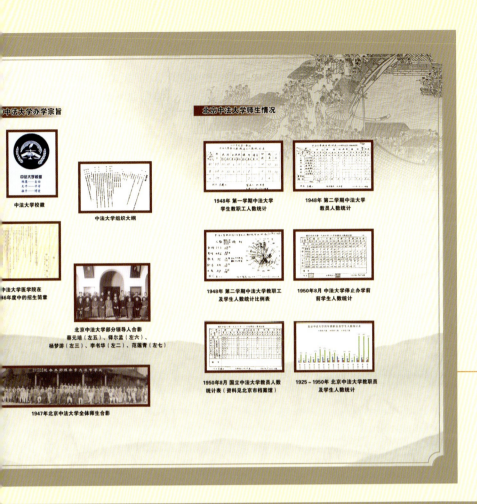

图5-51 中法大学历史变革

第5章 包容联合 重新出发

2015年12月22日，北京理工大学召开了中法大学特藏文献暨中法文化交流学术研讨会，来自中国科学院大学，北京大学图书馆，故宫博物院故宫学研究所，上海师范大学，国家图书馆，北京第二外国语学院法语系，北京社科院历史所，北京开放大学，北京理工大学图书馆、校史馆的代表及中法大学老校友30余人参加了会议，对中法大学教育模式、办学理念、历史文化等多个方面进行了研讨、交流。

图5-52　2015年12月，北京理工大学开展中法大学特藏文献暨中法文化交流学术研讨会

图5-53 中法大学史料

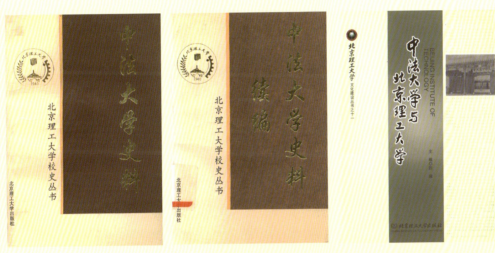

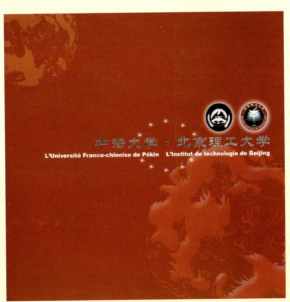

图5-54 中法大学历史研究

第5章 包容联合 重新出发

中法大学的发展与成就，离不开历史的沉淀与积累，北京理工大学与中法大学的历史承接，为中法两国在科学文化等方面的交流创造了有利条件，未来将在建成中法大学特色馆藏、实现中法文化传承与交流平台、增强大学的文化底蕴、拓展中法文化与科学教育的合作交流机制等方面更加努力。

里昂中法大学，这所中国在海外开办的第一所高等教育机构，经历"两个三十年"的发展历程：1921—1950年"里昂中法大学"时期，1980—2010年新的"里昂大学中法学院"时期。2014年，中法建交50周年，中法两国开展了大规模的交流与纪念活动。3月26日，国家主席习近平参观了里昂中法大学旧址，习主席表示："里昂中法大学见证了中法两国的一段特殊交往史，也记载了近代以来中国两段重要对外交往史。中方愿同法方开展有关文献的整理、保护和研究，希望有更多中国人到这里参观，祝愿里昂和中国的交往不断加深。"

图5-55　北京理工大学图书馆馆藏原中法大学文献收藏地

后记

关于中法大学相关史料的收集、整理、学习和研究，经历了大概十年的时间，一直是心中挂念的事，但中间却有不少延迟，时而无暇顾及，时而无从下手。

最早是2008年，刚入北京理工大学时，一位校领导要求将北京理工大学在1950年前后接收中法大学那段历史讲清楚，因为总有些老人在一些聚会或回忆里提及这段历史。朵英贤院士曾在一次图书馆工作委员会上讲，当年我们学校接收了中法大学很多资源，为学校的发展带来了起步条件。他说："我们从延安走来，可是那时候经历战乱，我们的教育力量很薄弱，从延安到张家口，前后又辗转很多地方，到北京时，我们有什么？就只有一平板车都不到的书。多亏接收了中法大学的资料和校舍，我们才发展如此之快。"

我在图书馆的特藏室工作了半年多，接触到了一些中法大学遗留下来的资料。一年后，为迎接学校75周年校庆，学校要出"文化建设丛书"，在学校的要求下，我匆忙赶写了《中法大学与北京理工大学》一书，书中用了很多北京市档案和学校自己的档案，时间很匆忙，但最后的结果令自己非常不满意。本是想写一部史料研究著作，但时间短，难以做到严谨细致，而相较于一般的校园文化作品，它又显得不那么顺畅易读，我以为不会有人愿意读它，包括我自己。但意外的是，一天我被临时叫去参加一个国际交流处开展的交流活动，主题是针对法国的教育交流，大概是说北理工已与很多国家建立校际交流，但在法国方面发展得很不够，想在这方面有所开创。为此国际交流处的处长煞费苦心，在中法大学的由来上做足了功课，他说我写的书他从头到尾翻了一遍，还没看完（估计是太难读了），只见他手上那本画了很多问号，他询问了一些问题，有些我也不太记得怎么回答的，只觉得自己是既感慨又惭愧。感慨的是终究是出版物，还是会有人关注；惭愧的是有时候看书的人比写书的人还要认真。

2014年，习近平主席访问法国，去了里昂中法大学，中法关系研究迅速升温，而能见证两国关系的遗迹并不多，中法大学成为典例，我的研究主题居然一度成为校内外的热门研究。法语频道的记者也来采访，想问我一些对中法大学和中法教育的看法，而我的感觉除了自知不足还是自知不足。之前的调研是从校史出发的，1949年华北大学工学院迁入北京，1950年中法大学停办，华北大学工学院接收了中法大学数、理、化三系及大部分校舍资源，重于中间的交接和过渡，以及日后对华北大学工学院理工学术的影响，而对中法大学其他时段的发展状况未能系统梳理。2015年，法国大使访问中国，学校又因这本书参与了接待，那时恰逢我在美国未能成行，但终究还是有领导把书送给了大使。在这里，真诚地感谢学校和图书馆领导对这部分历史文化研究的理解、支持和鼓励！

  时过境迁，梳理和研究中法大学史料的工作断断续续地维系了近十年，重点资料主要保存在北京市档案馆和里昂市立图书馆，无论是北京中法大学还是里昂中法大学，其历史遗迹在保护中不断翻修和更新，要抓住和还原曾经的历史路径，需要将积累的线索尽快展示于世人。先从北京市档案馆着手，为加快进展，曾请同事、学生们帮助查档，甚至动员5岁的小孩和爸爸利用暑期一连好几天陪着查档，全家人都期待着进步，至今仍觉感慨、感激。而里昂市立图书馆资料调研一直未能成行，好在近年关于中法文化交流的研究在不断升温，一些民间组织甚至建立了里昂中法大学历史文化平台，虽然运行还不稳定，但为本书提供了宝贵的资料和线索，在此也表示诚挚的感谢！

2020年，北京理工大学建校80周年，这所从延安走来的红色高校，不会忘记中法大学曾经赋予的学术基础和研究条件，也不曾偏离包融和传承的发展道路。在此，期待本书能给校史文化研究增砖添瓦，也期望能为丰富中法文化交流尽到绵薄之力。